Kurt A. Bernecker

Ravensburger® Hobbykurse

Blumen für Dich

20 Kreuzstichmotive

Otto Maier Ravensburg

© 1991 Ravensburger Buchverlag Otto Maier GmbH
Alle Rechte vorbehalten
Umschlaggestaltung: Ekkehard Drechsel
Fotos: Thomas A. Weiss
Zeichnungen: Ekkehard Drechsel und Nils Jüppner
Satz: E. Weishaupt, Meckenbeuren
Gesamtherstellung: Himmer, Augsburg
Printed in Germany

94   93   4   3   2

ISBN 3-473-45702-7

Inhalt

Einleitung

Künstlerisch gestaltete Handarbeiten, sorgfältig gearbeitet, sind mehr als ein einfacher „Gruß" oder ein „Mitbringsel" zu einer Einladung.
Erfahrene und rastlose Stickerinnen und Sticker wissen, wieviel Freude sie mit einer so feinen und gelungenen Kreuzsticharbeit bereiten. Ein solches Geschenk zeigt und beweist, wie sehr Sie an den Beschenkten gedacht und seinen persönlichen Geschmack getroffen haben. Die große Auswahl an Motiven in diesem Buch wird Ihnen die Wahl nicht leicht machen! Aber wenn Sie sich vorher bemühen herauszufinden, welche Blüte die Lieblingsblume des Empfängers ist, ist Ihnen der „Erfolg" sicher.
Die gezeigten Motive sind von der Arbeit ein wenig aufwendiger, so daß Ihre Arbeit, liebevoll gerahmt, wahrlich einen bleibenden und unvergänglichen „Blumenstrauß" darstellt.
Beispiele von nützlichen Anwendungen und Alternativen ergänzen und vervollständigen dieses Buch. Sie sollten nämlich nicht vergessen, daß Sie sich selbst mit einer schönen Kreuzsticharbeit reich beschenken können.

Der Kreuzstich

Der Kreuzstich wird je nach verwendetem Material über einen, zwei oder mehr Fäden des gewählten Trägermaterials gestickt. Bei feineren Geweben genügt häufig schon ein Stickfaden, bei gröberen benötigt man mehrere Fäden oder ein dickeres Stickgarn. Bei dem ausgezählten Kreuzstich sollten nur Gewebe mit gleichmäßigem Fadenverlauf (Kette und Schuß) gewählt werden. Sonst müssen Sie mit einer „Verzerrung" des Stickbildes rechnen. Beim Sticken dürfen keine Gewebefäden angestochen werden; zu vermeiden ist außerdem das Anstechen bereits gestickter Fäden.

Der Kreuzstich wird in aller Regel von links unten nach rechts oben (Unterstich) und dann von rechts unten nach links oben (Deckstich) ausgeführt. Die detailgenauen Abbildungen zum Kreuzstich und Kreuzstichvariationen finden Sie auf den beiden nächsten Seiten. Am besten schauen Sie sich sorgfältig vor dem Beginn der Arbeit die gewählte Musterzeichnung an und kontrollieren noch einmal die vorkommenden Sticharten. Auch wenn es ein wenig Mühe macht, der Einsatz der verschiedenen Stiche bringt den Charakter des Motivs besonders treffend heraus.

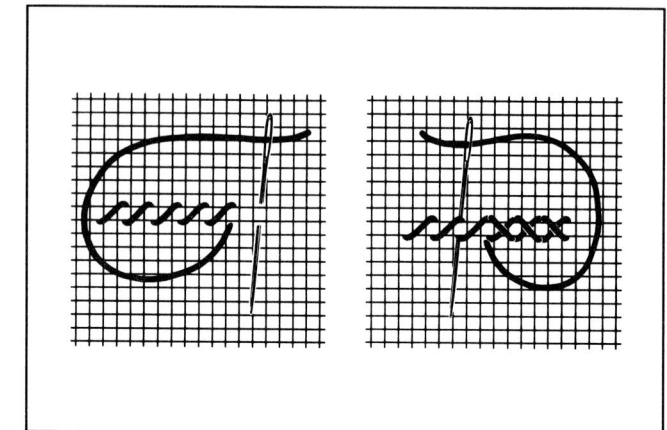

Sticktechnik in waage-
rechten Reihen: Die
Hinreihe bildet die Unter-
die Rückreihe die Deck-
stiche. Die Fäden auf der
Rückseite verlaufen
senkrecht.

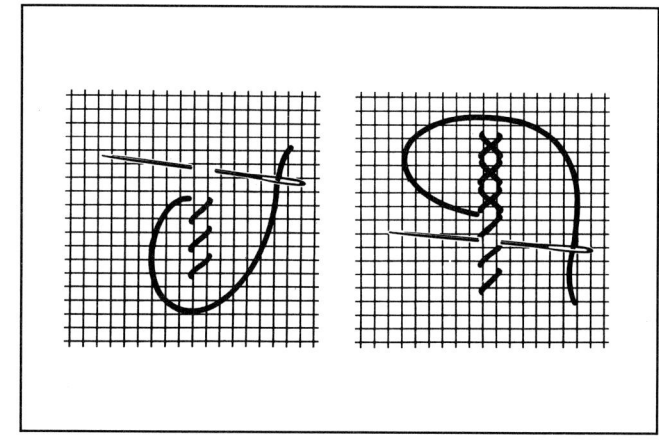

Sticktechnik in senkrech-
ten Reihen: Die Auf-
wärtsreihe bildet die
Unter-, die Abwärtsreihe
die Deckstiche. Die
Fäden auf der Rückseite
verlaufen waagerecht.

Einschlingen des An-
fangsfadens: Die beiden
Enden eines langen
Fadens werden durch
das Nadelöhr gefädelt.
Die Nadel wird von
unten nach oben durch
den Stoff geführt. Beim
anschließenden Abwärts-
stich führt man die Nadel
durch die Fadenschlinge
auf der Unterseite des
Stoffs.

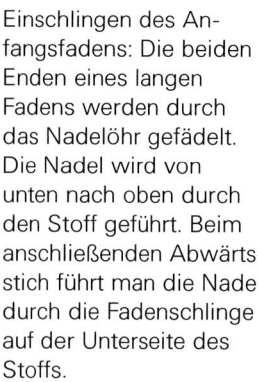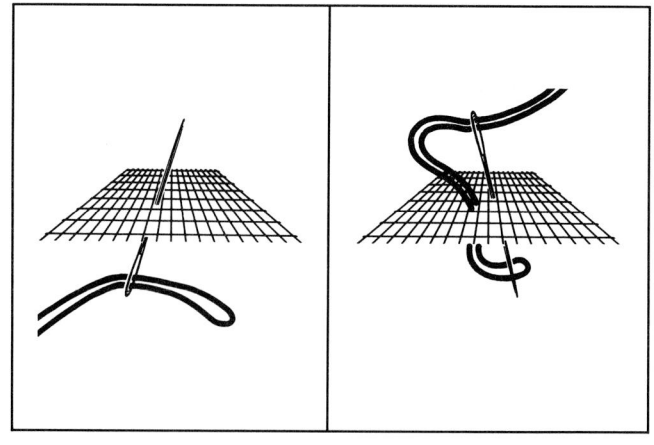

Der versetzte Kreuzstich:
In den vergangenen Jahren sind weitere Stiche üblich geworden, da sie auf kleinstem Raum eine besonders zutreffende Gestaltung des Kreuzstichentwurfs zulassen. Die Spitzen eines versetzten Kreuzes befinden sich jeweils unter- oder oberhalb, rechts oder links des vorangegangenen Stichs.

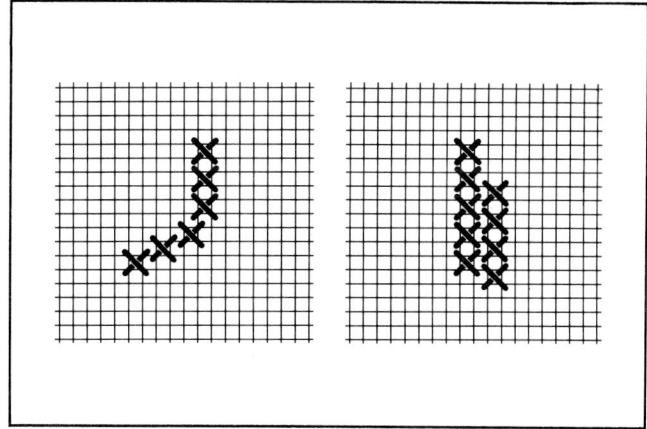

Der dreiviertel Kreuzstich:
(linke Seite)
Hier wird der erste Stich nur bis zur Kreuzmitte geführt.

Der halbe Kreuzstich:
(rechte Seite)
Die breite Öffnung des Kreuzes befindet sich zwischen zwei Gewebefäden und die schmale zwischen einem Faden.

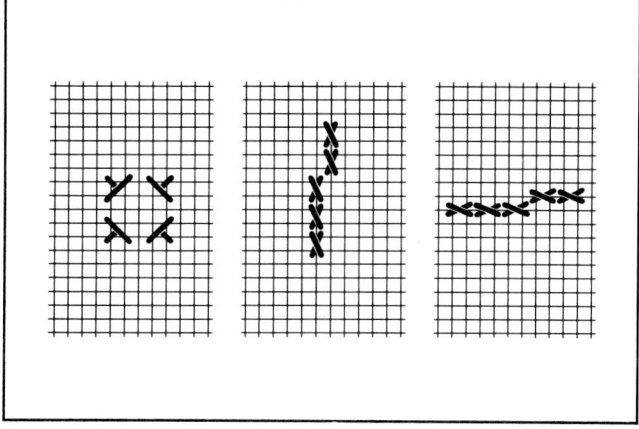

Der Steppstich:
(linke Seite und Mitte)
Dieser Stich verläuft über zwei Gewebefäden.

Der freigesetzte Steppstich:
(rechte Seite)
Hier sind die einzelnen Stiche nicht miteinander verbunden. Zwischen zwei Stichen liegt mindestens ein Gewebefaden.

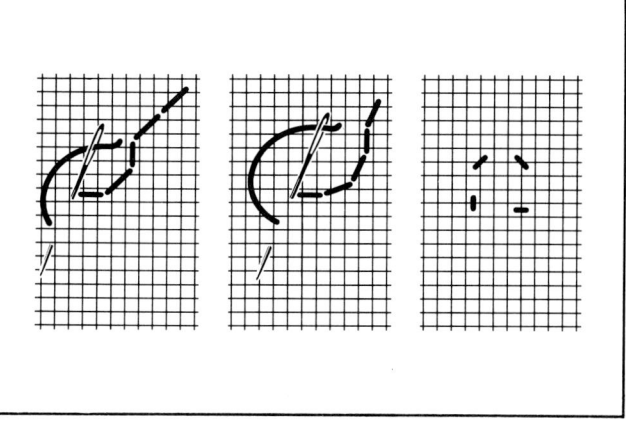

Das Garn

Alle Stickentwürfe dieses Buches wurden mit dem HD-Garn von Uhlenhof-Stickereien ausgeführt. Es ist ein mattes, nicht merzerisiertes Baumwollgarn mit sehr guter Zwirnung. Gestickt wird mit einem Faden. Nach dem ersten Waschen bei 60° C ist das Garn farb- und lichtecht.

Natürlich können Sie auch andere Stickgarne verwenden. Bei der Auswahl und Entscheidung müssen Sie jedoch einige Kriterien beachten. Unbedingt sollten Sie die Herstellerangaben für das Waschen lesen, denn mit 60° C sollte das Garn schon gewaschen werden können! Wichtig für Sie ist auch, ob das Einlaufen von Garn und verwendetem Stoff identisch oder nahezu identisch ist.

Wenn Sie mit Hilfe der Bilder die Stickereien in andere Garne umsetzen wollen, hilft Ihnen die Aufstellung der Farbangaben für HD-Garne in diesem Buch sicher weiter. Aber Sie können auch Ihre freie Farbwahl treffen. Suchen Sie dazu erst anhand des Bildes und Ihres Garns die Farben zusammen, die Sie verwenden wollen. Legen Sie sie nebeneinander und vergleichen Sie noch einmal, ob sie harmonisch sind. Tauschen Sie einzelne eventuell aus. Es ist oft nicht so wichtig, ob Farbverschiebungen zur Vorlage entstehen; es ist viel bedeutsamer, daß die Farben harmonisch wirken und den Charakter des Modells wiedergeben.

Die Nadel

Als Sticknadel kann jede Nadel mit stumpfer Spitze
eingesetzt werden. Dadurch wird das Anstechen der
Gewebe- oder Stickfäden vermieden. Bei Geweben mit
12 Fäden oder mehr auf den Zentimeter sollten Sie die
Nadelgröße Nr. 24, bei weniger die der Nr. 22 verwenden. Fachgeschäfte führen diese Größen im Einzel-
verkauf.

Der Stoff

Da es sich in diesem Buch um sehr fein gestaltete
Stickereien handelt, wurden sie fast ausschließlich auf
Reinleinen ausgeführt. Verwendet wurde dazu das
Stickleinen Art. 3609 – Belfast – von Zweigart &
Sawitzki. Das Leinen hat 12 Fäden je Zentimeter, so
daß Sie auf 6 Kreuze pro Zentimeter kommen.
Die Mitteldecke mit den Windenmotiven wurde mit
dem reinen Baumwollstoff Linda-Schülertuch, Art.
1235, des gleichen Herstellers gestaltet. Linda-Schülertuch hat ca. 10 Fäden je Zentimeter. Beachten Sie also,
daß bei Verwendung dieses Materials die Stickarbeit
ca. 12 % größer wird.
Das Motiv Stiefmütterchen – lila – wurde zu Demon-
strationszwecken auf dem reinen Baumwollstoff
Stern-Aida, Art. 3706, von Zweigart & Sawitzki ausgeführt. Gestickt wird hier über jeweils einen Faden,
wie es die Struktur des Stoffs zeigt. Die Art des Stoffs
mit 5 Kreuzen je Zentimeter macht das Sticken leich-
ter. Bei Farbveränderungen müssen die Farben daher
etwas kräftiger gewählt werden. Bei Stern-Aida
sollten Sie nur Muster mit ganzen Kreuzen wählen.
Bei halben Kreuzstichen müßte der Fadenverlauf
„angestochen" werden. Dies geht zwar, erfordert aber
einige Erfahrung.
Auch bei den beiden letztgenannten Stoffen ist Über-
einstimmung zwischen Garn und Trägermaterial hin-
sichtlich Wäsche und Pflege ideal.

Das Passepartout

Die Abbildungen zeigen Passepartouts aus Karton mit Leinenprägung in der Größe 15 x 20 cm mit verschiedenen Ausschnitten. Solche Passepartouts geben Ihrer Stickarbeit die letzte Vollendung. Diese und passende Rahmen dazu sind in den Fachgeschäften, die Uhlenhof-Produkte führen, und im Bilderhandel erhältlich. Wenn Sie die Passepartouts selbst herstellen möchten, müssen Sie besonders akkurat arbeiten. Beschaffen Sie sich den gewünschten Passepartoutkarton, schneiden ihn mit dem Maß 15 x 20 cm in Stücke. Pausen Sie dann mit Hilfe der auf Seite 12 angegebenen Zeichnungen den gewünschten Ausschnitt auf den Karton (die Buchseite entspricht genau Ihrem Passepartout) und schneiden den Ausschnitt mit einem scharfen Messer (Cutter) aus.

Auf Seite 13 wird beschrieben, wie Sie verschiedene Passepartoutausschnitte selbst bestimmen können.

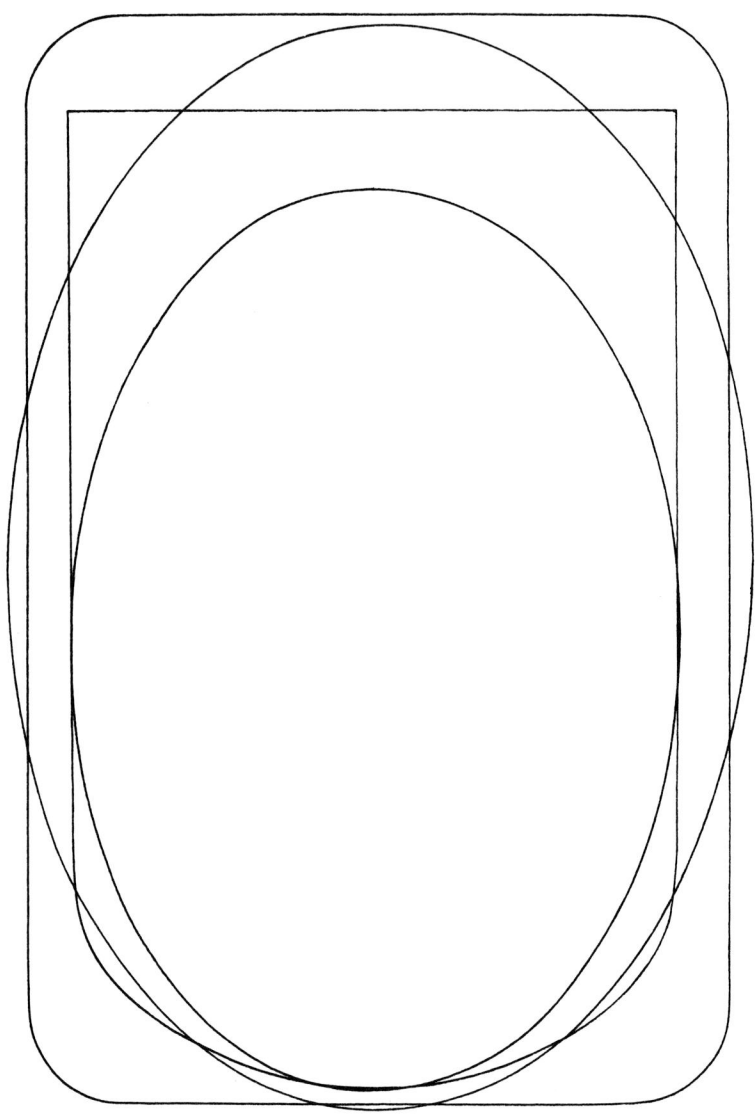

Einen kreisrunden Aus-
schnitt markiert man mit
einer Hilfsschlinge, die
auf dem Kreismittelpunkt
befestigt wird. In das
Ende der Schlinge hängt
man einen Bleistift ein.

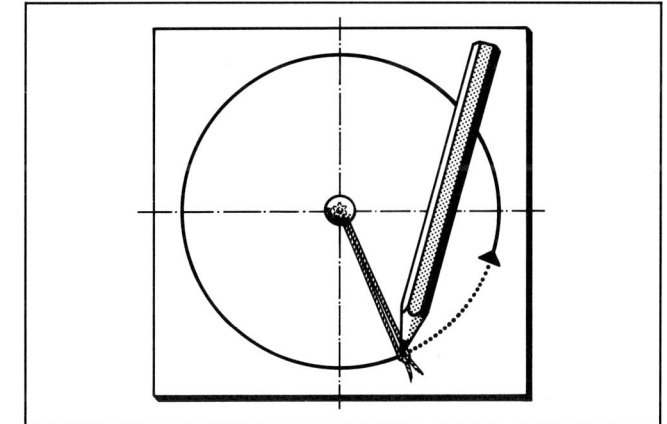

Ein Oval wird mit einer
an zwei Punkten der
Mittelachse des Aus-
schnitts befestigten
Schlinge markiert. Je
weiter diese Befestigungs-
punkte voneinander ent-
fernt sind, um so flacher
wird das Oval.

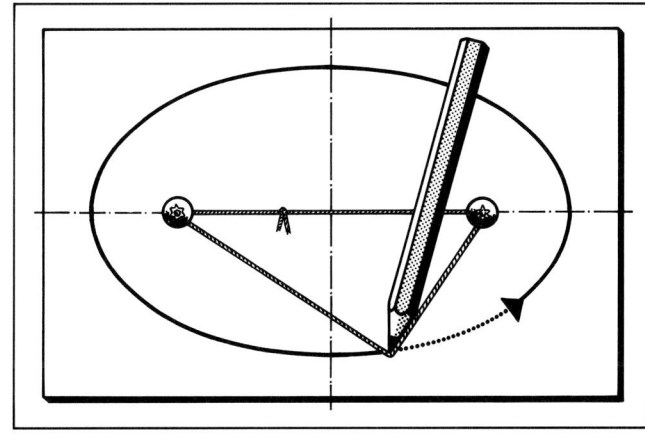

Für einen eckigen Aus-
schnitt sticht man in das
später herausfallende
Mittelstück ein Loch,
schneidet von hier aus
auf eine der Kanten zu
und weiter sauber an der
markierten Linie entlang.
Die Ecken umgeht man
in einem Bogen. Sie
werden zum Schluß
nachgearbeitet.

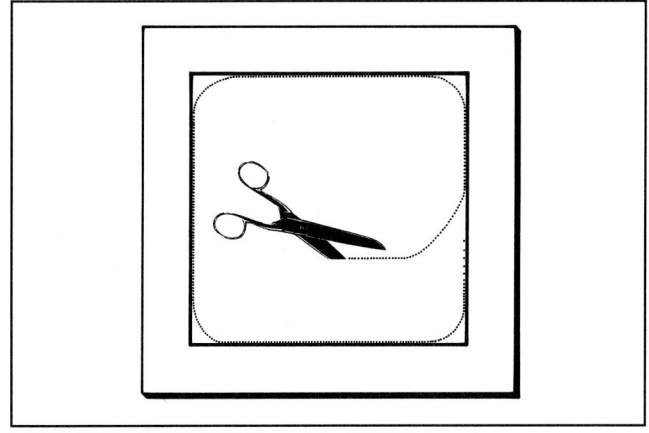

Hinweise

Vor dem Sticken

Für ein Passepartout schneiden Sie vor dem Sticken ein Stück Stoff 15 x 20 cm zu. Falten Sie den Stoff und stellen Sie so die Mitte fest. Kniffen Sie die Mitte ein wenig. Suchen Sie in der Musterzeichnung mit Hilfe der Pfeile die Mitte. Beginnen Sie mit der dort angegebenen Farbe zu sticken.
Halten Sie vor Stickbeginn etwa 10 cm des Garns fest und vernähen Sie es nach einigen Kreuzen. Sie sollten nie Fäden hängenlassen, denn diese werden leicht mit der Nadel erfaßt, und die Rückseite wirkt unordentlich.

Nach dem Sticken

Sprühen Sie die Stickarbeit rückseitig mit einer guten Stärke ein und bügeln Sie die Stickerei von links auf einer weichen Unterlage trocken. Passen Sie die Stickerei in den Passepartoutausschnitt ein und schneiden Sie den Rest des überschüssigen Leinens bis auf einen Überstand von ca. 1 bis 1,5 cm ab. Schneiden Sie dann ein 14 x 19 cm großes Stück kräftiges weißes Papier zu – das Papier muß unbedingt weiß sein –, bestreichen dies mit einem Papierkleber und kleben darauf die Stickerei fest. Passen Sie dann das Passepartout nochmals sorgfältig an und kleben dies fest. Streichen Sie das Papier glatt. Verwenden Sie keinen durchschlagenden Kleber und gehen Sie sparsam mit dem Klebematerial um (am besten geeignet ist Adhäsivkleber für Papier und Stoff).

700	Natur	737	Hellorange
701	Weiß	738	Goldgelb
702	Dunkelgrün	739	Mattgelb
703	Hellgrün	740	Hellgelb
704	Leuchtendgrün	741	Blaßgelb
705	Blaugrün	742	Gelbgrün
706	Graugrün, hell	743	Helltürkis
707	Helloliv	744	Dunkelblau
708	Mittelgrün	745	Königsblau
709	Maigrün	746	Türkisblau
710	Weihnachtsrot	747	Königsblau, hell
711	Weihnachtsrot, hell	748	Türkisblau, hell
712	Orangerot, dunkel	749	Dunkeltürkis
713	Orangerot, hell	750	Graublau, hell
714	Orangerot, mittel	751	Mattblau, dunkel
715	Lilarot, hell	752	Mattblau, mittel
716	Lilarot, mittel	753	Mattblau, hell
717	Lilarot, dunkel	754	Graubeige
718	Rosa	755	Graubeige, hell
719	Flieder, dunkel	756	Blaugrau
720	Lila	757	Mittelgrau
721	Blaulila, hell	758	Grüngrau
722	Blaulila, dunkel	759	Schwarz
723	Flieder, hell	760	Graugrün, mittel
724	Pink	761	Weinrot
725	Schwarzbraun	762	Graugrün, zart
726	Dunkelbraun	763	Dunkeloliv
727	Mittelbraun	764	Mittelgrau, dunkel
728	Hellbraun	765	Hellgrau
729	Rotbraun	766	Lachs
730	Braunorange	767	Waldgrün
731	Dunkelorange	768	Himmelblau, hell
732	Orange, mittel		
733	Mandarine		
734	Grünbeige		
735	Beige		
736	Hellbeige		

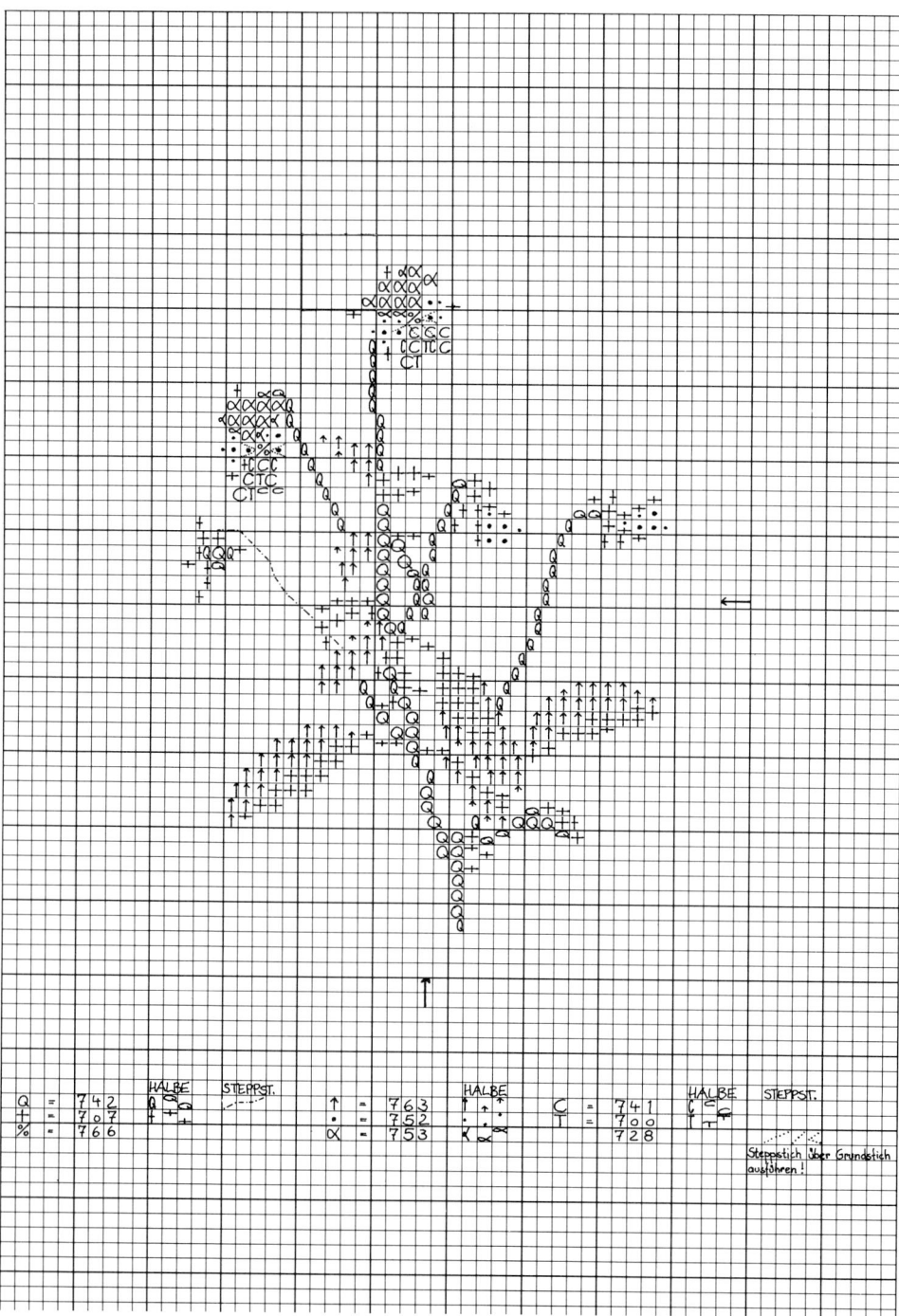

Leberblümchen

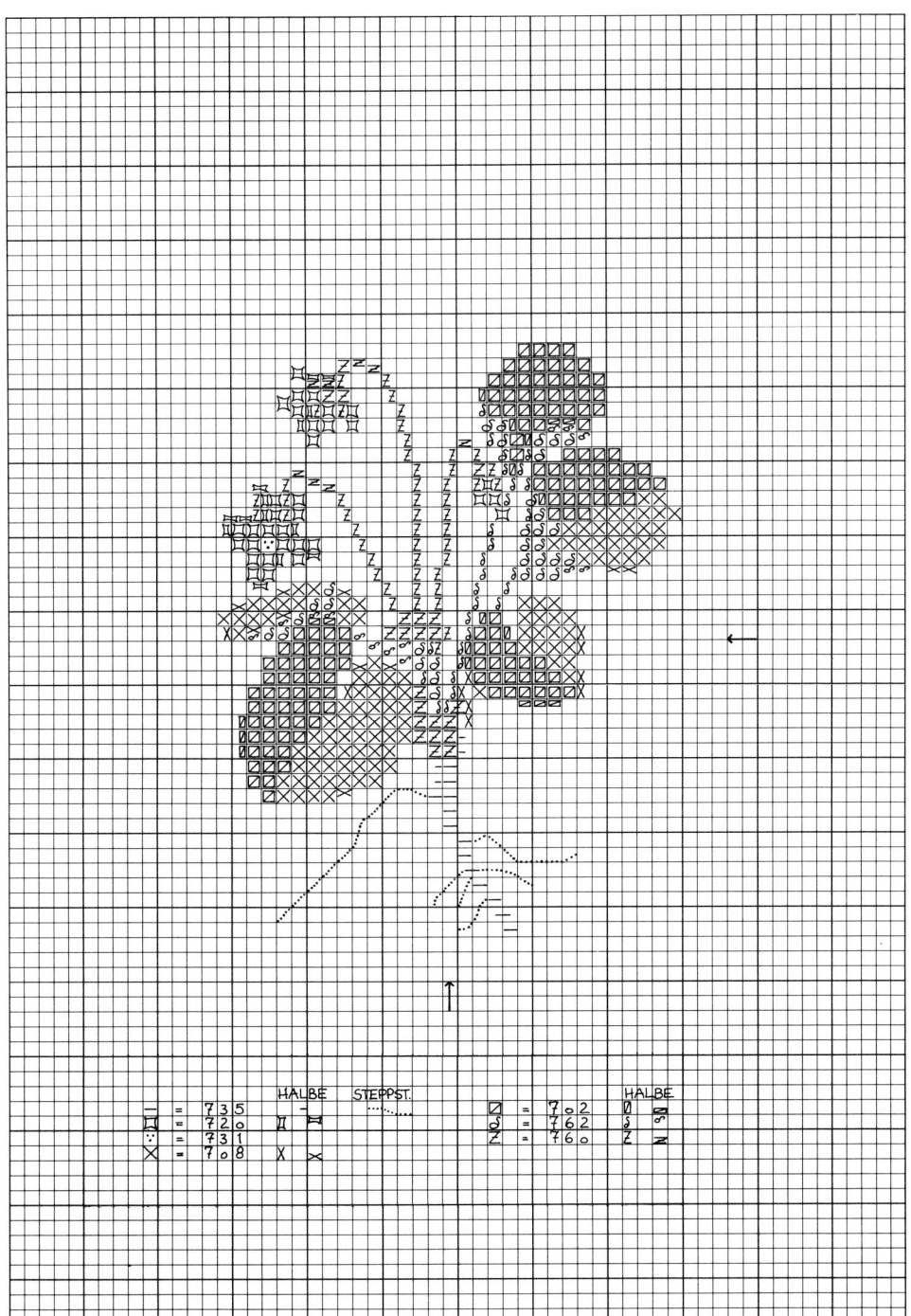

	=	7 3 5	HALBE	STEPPST.		☑	=	7 0 2	HALBE
☒	=	7 2 0	⊞	⊞		⌀	=	7 6 2	⌀
∴	=	7 3 1				Z	=	7 6 0	Z
X	=	7 0 8	X	X					

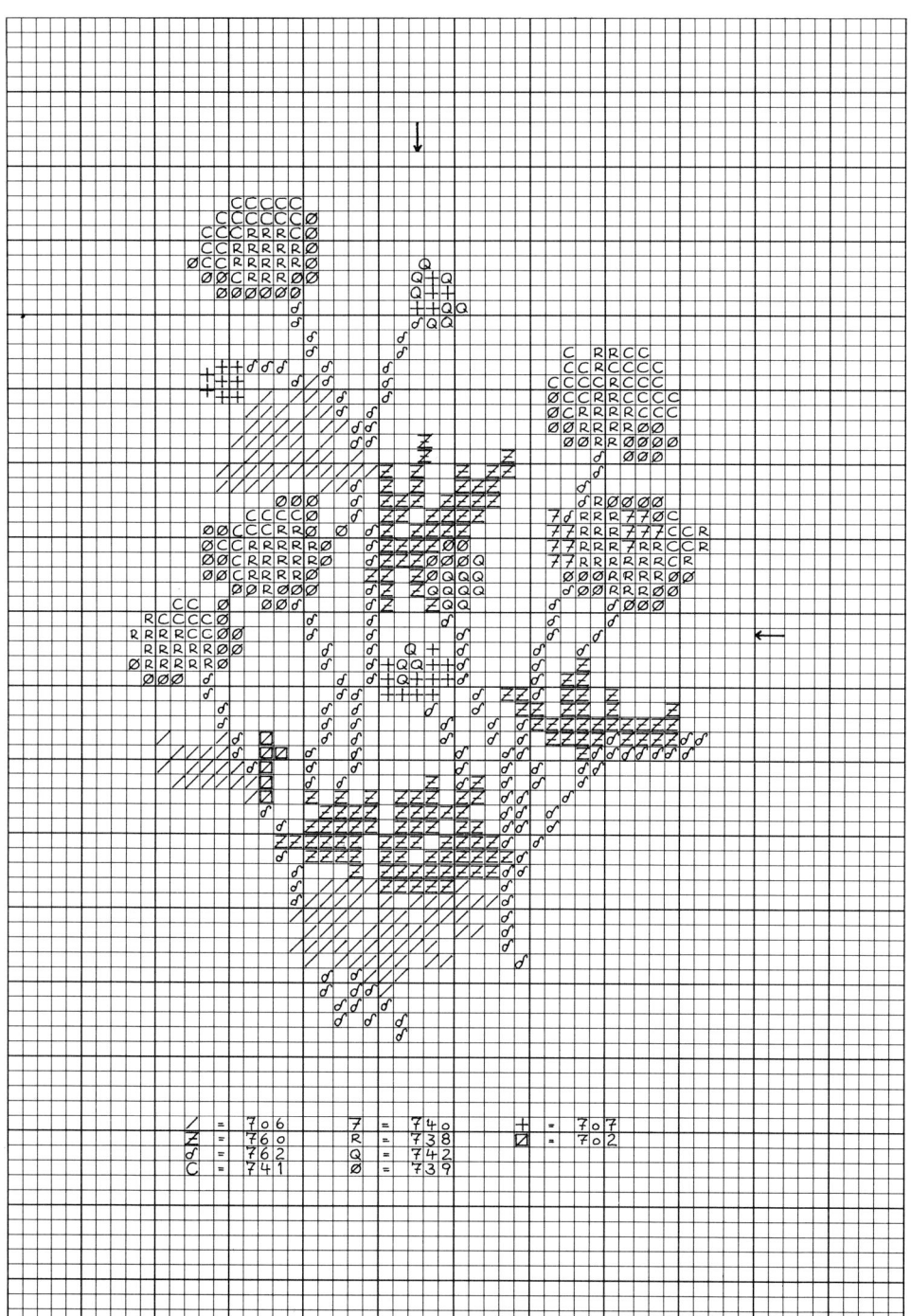

/	=	706		7	=	740		+	=	707
Z	=	760		R	=	738		▨	=	702
♂	=	762		Q	=	742				
C	=	741		Ø	=	739				

28

Sonnenblume/90

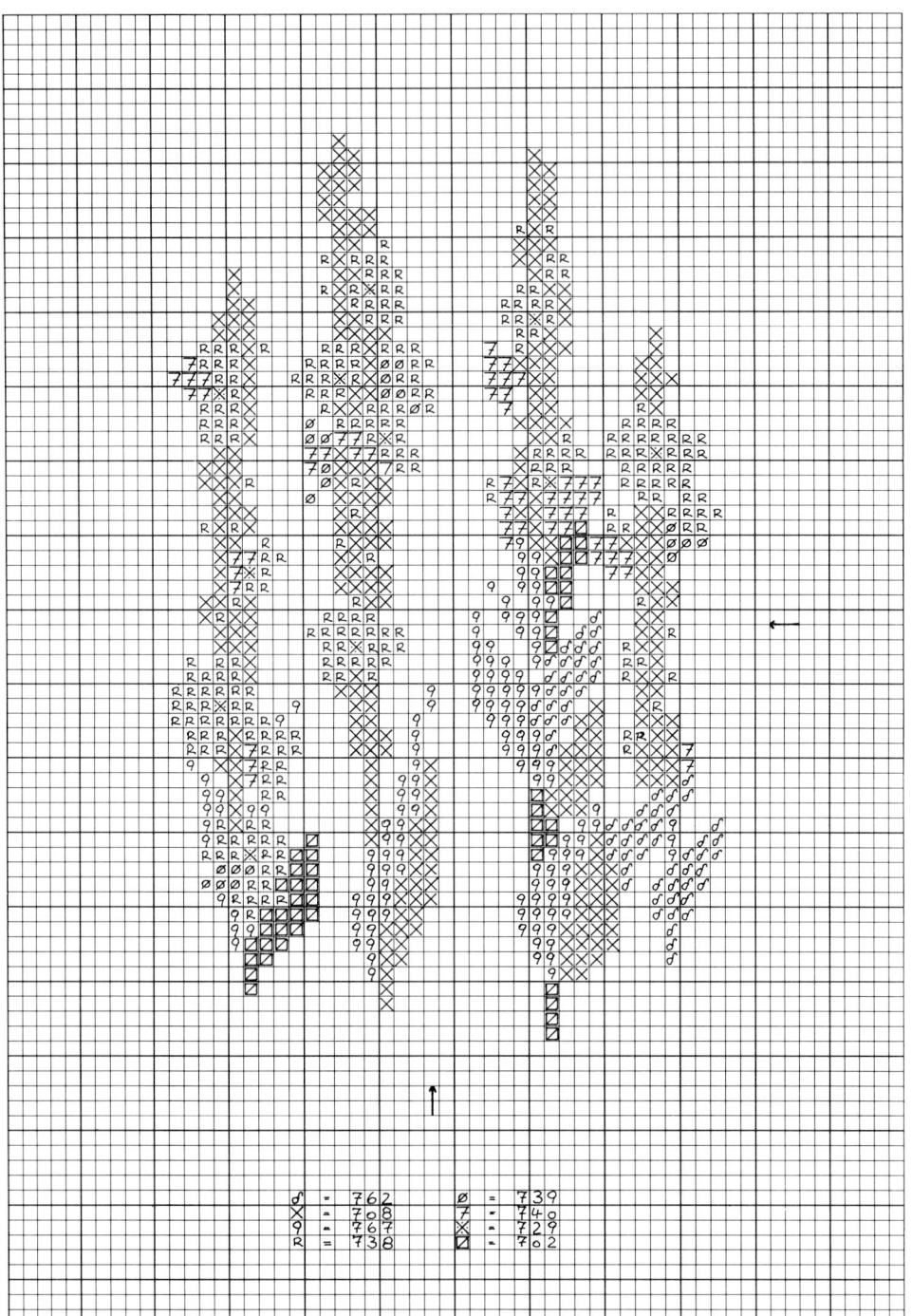

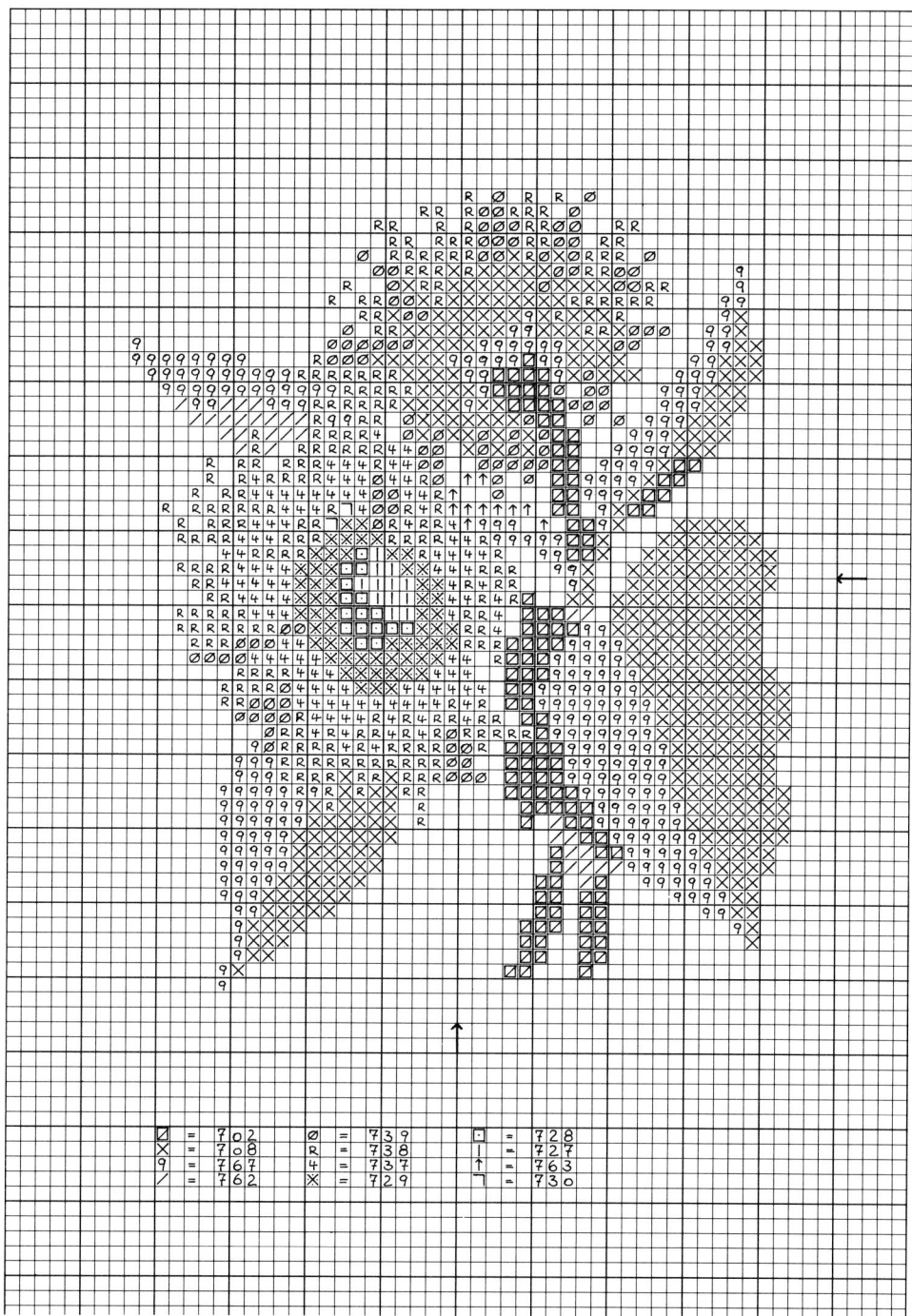

⊘	=	7 0 2		∅	=	7 3 9		· =	7 2 8
✕	=	7 0 8		R	=	7 3 8		I =	7 2 7
9	=	7 6 7		4	=	7 3 7		↑ =	7 6 3
/	=	7 6 2		✗	=	7 2 9		=	7 3 0

Roseneige 89/82

33

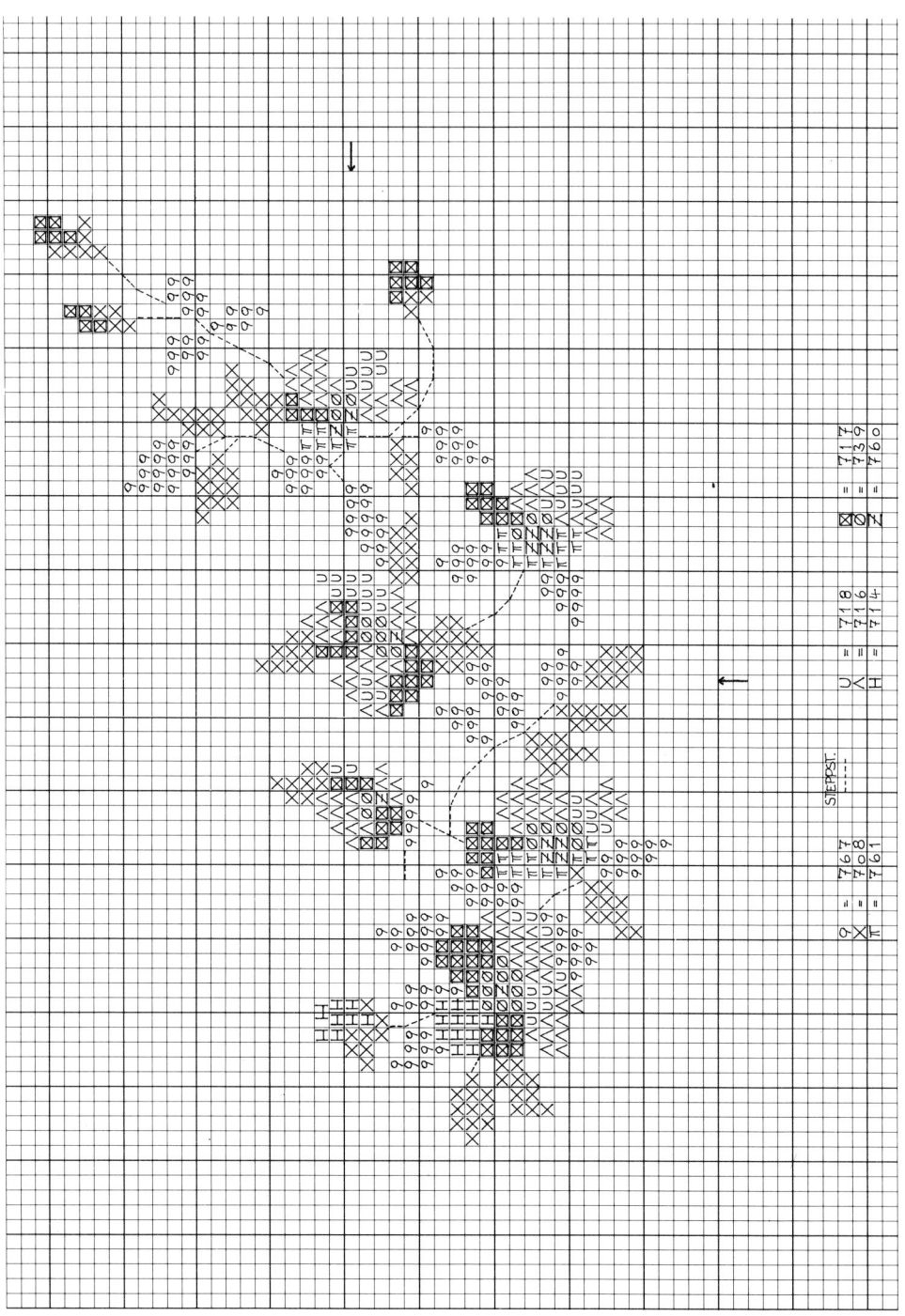

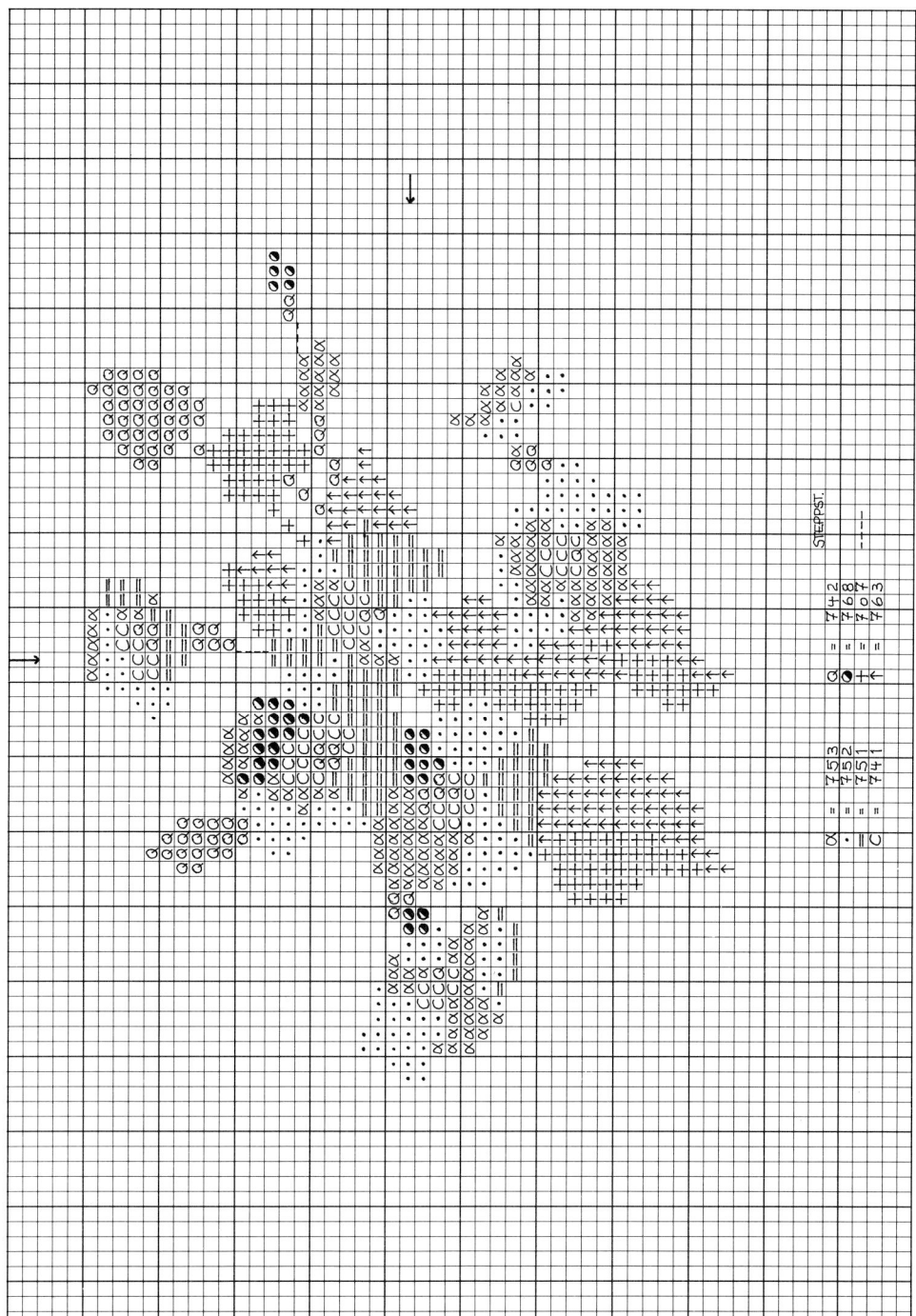

37

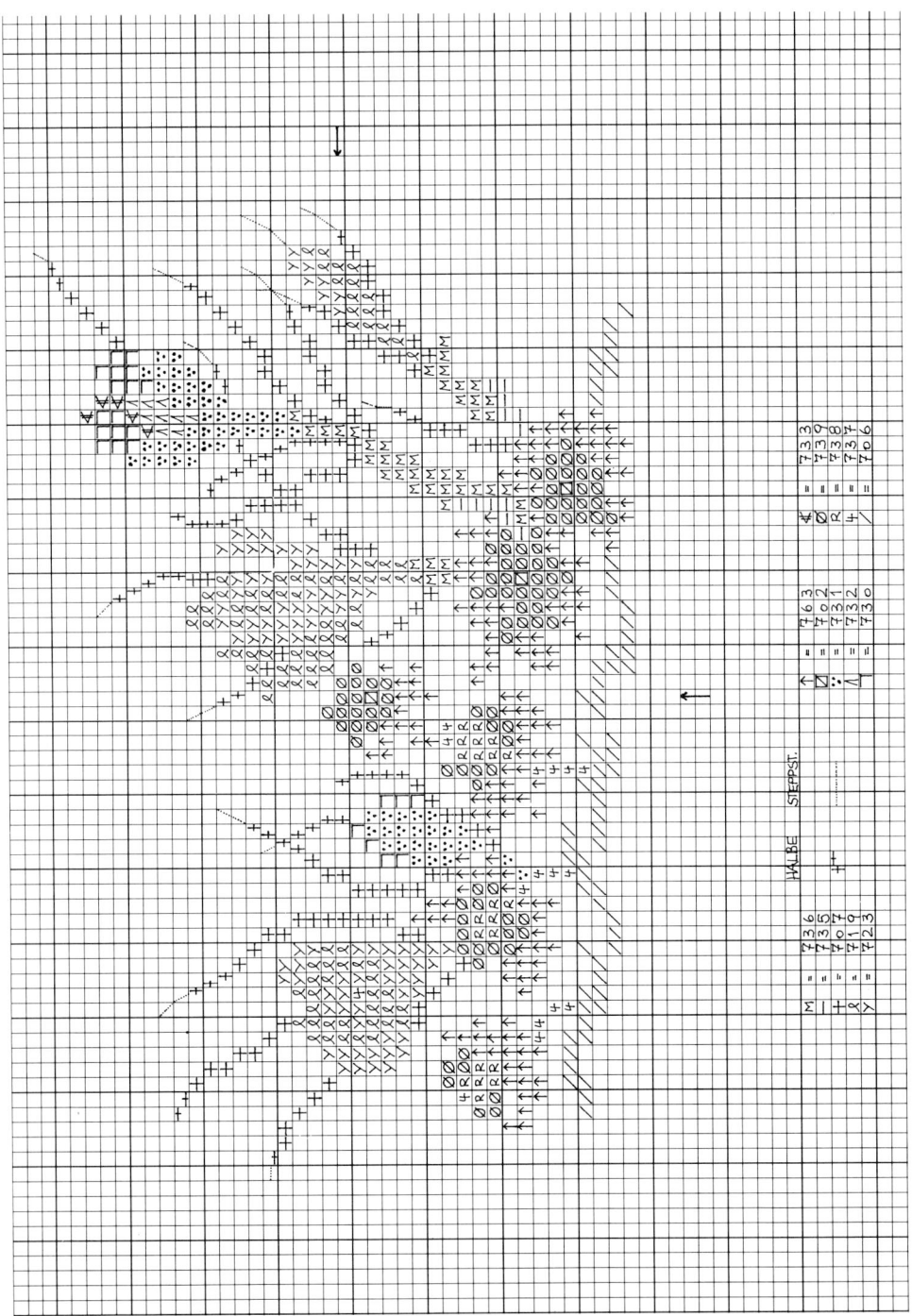

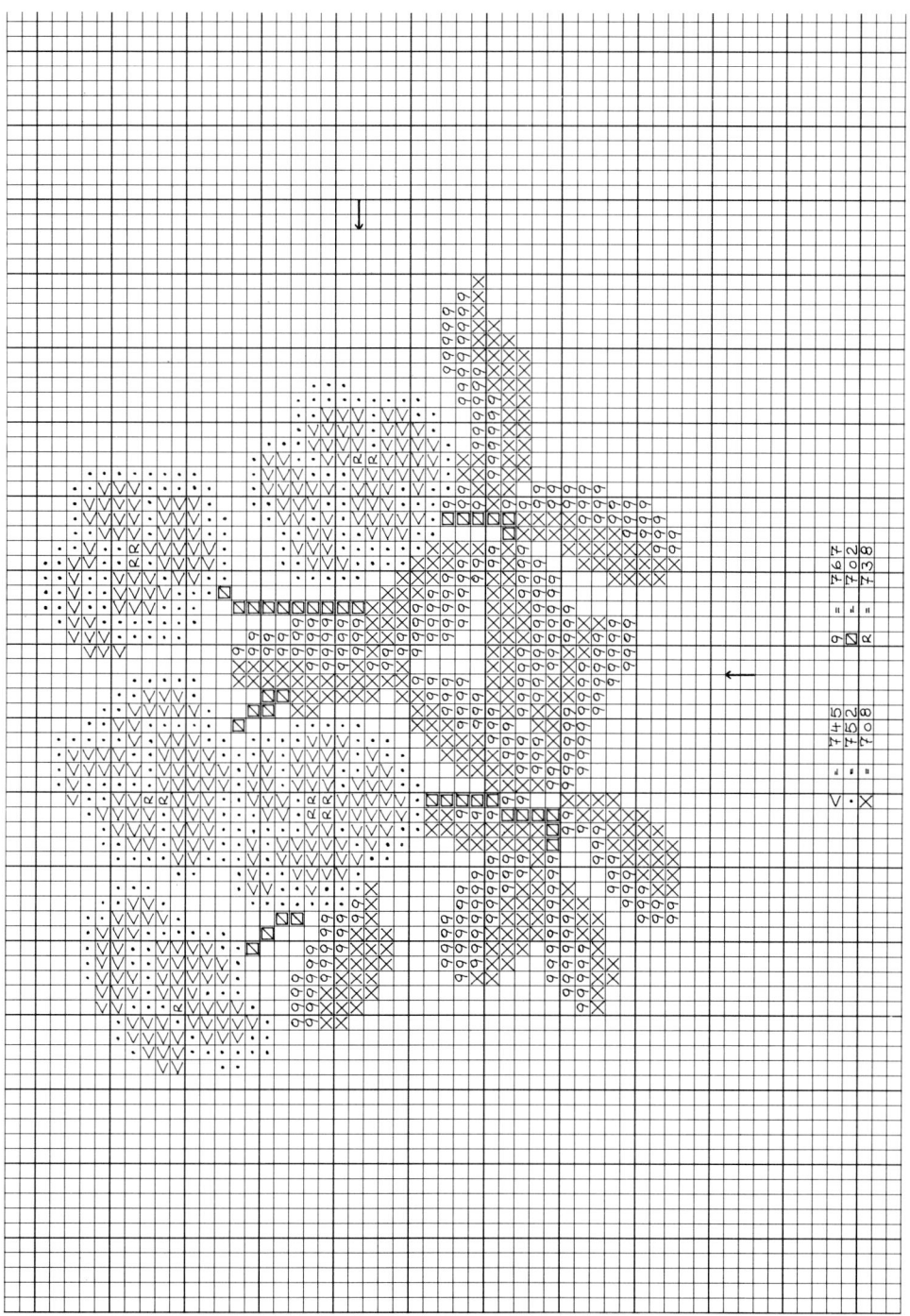

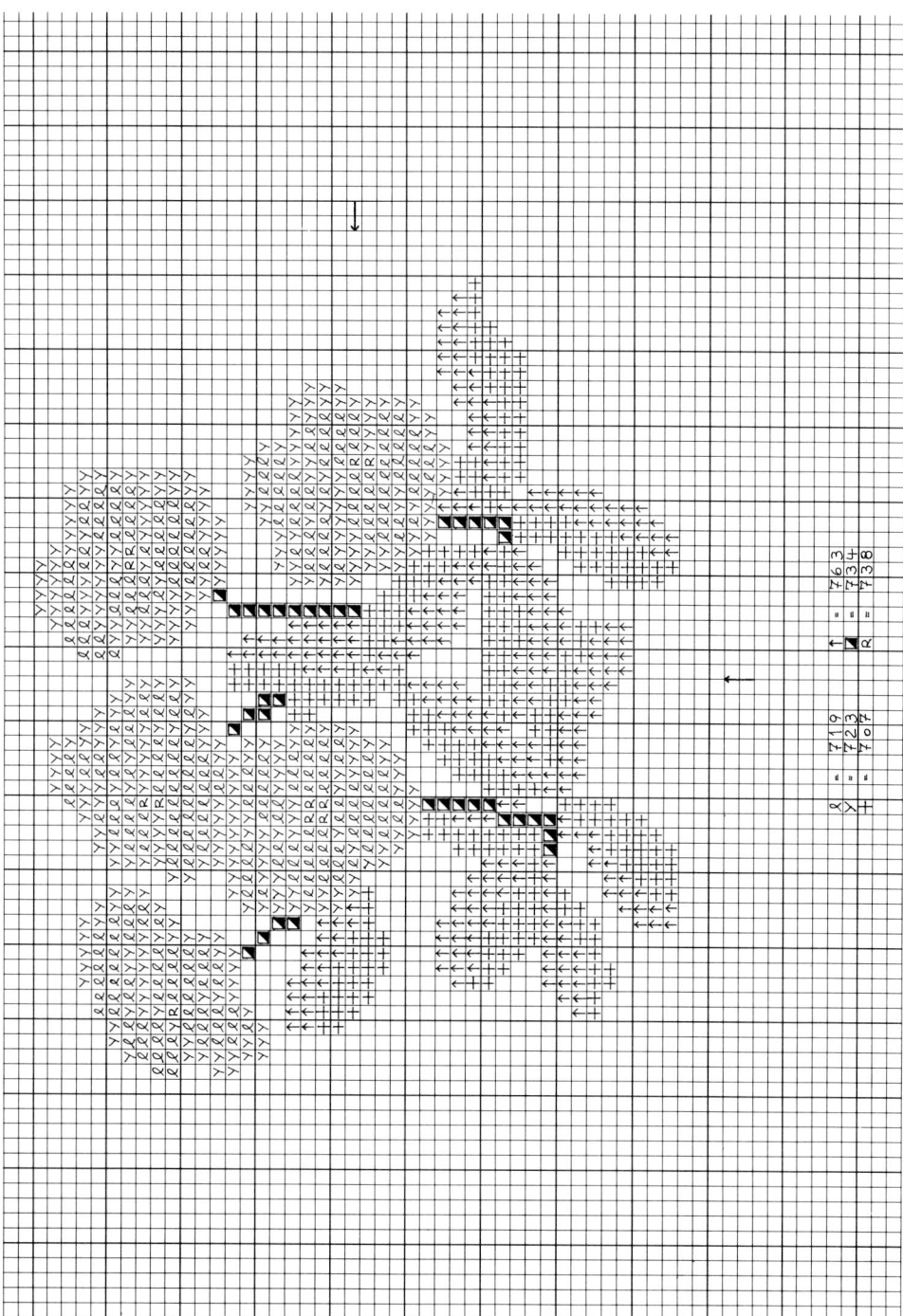

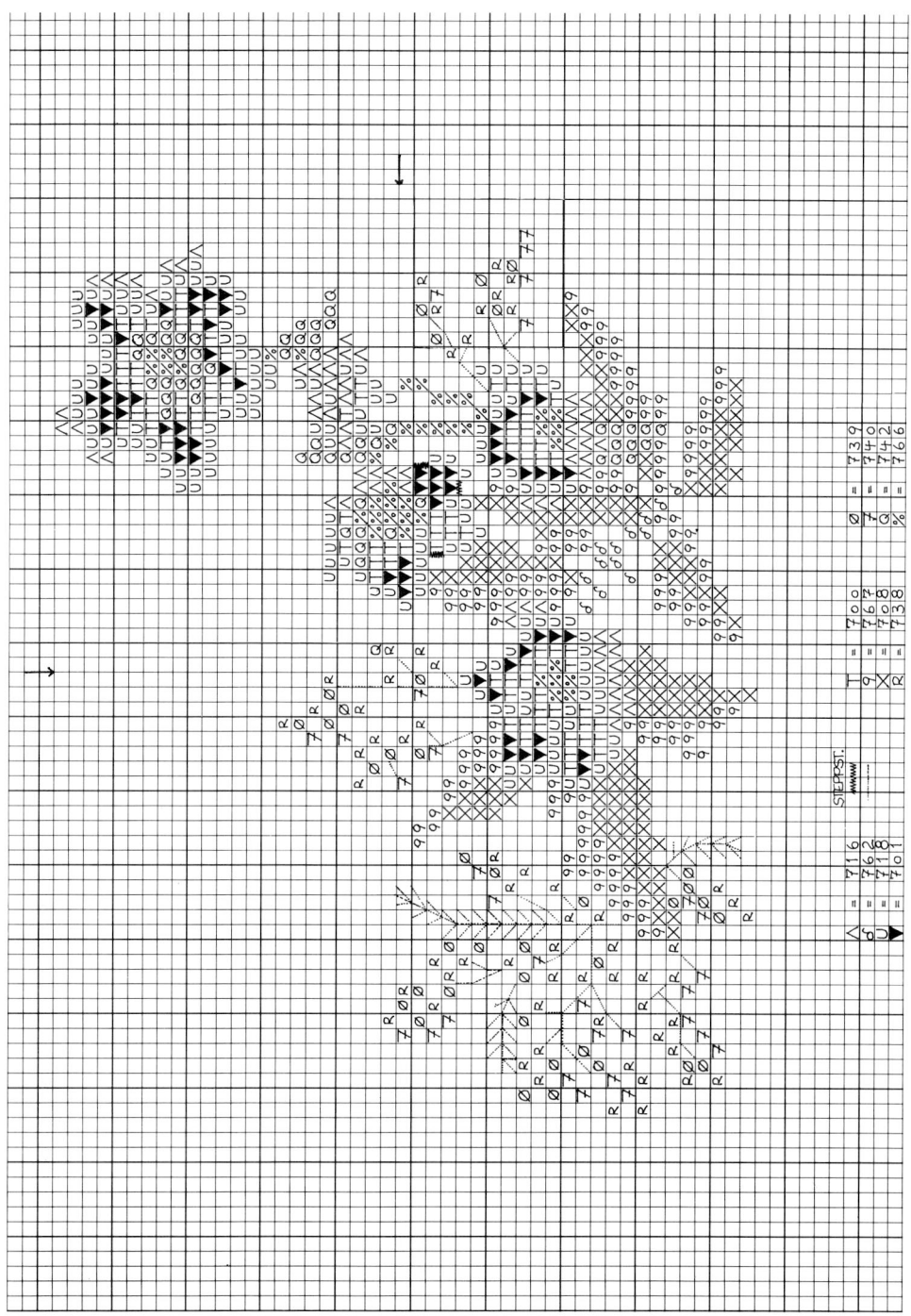

44

Rhododendron

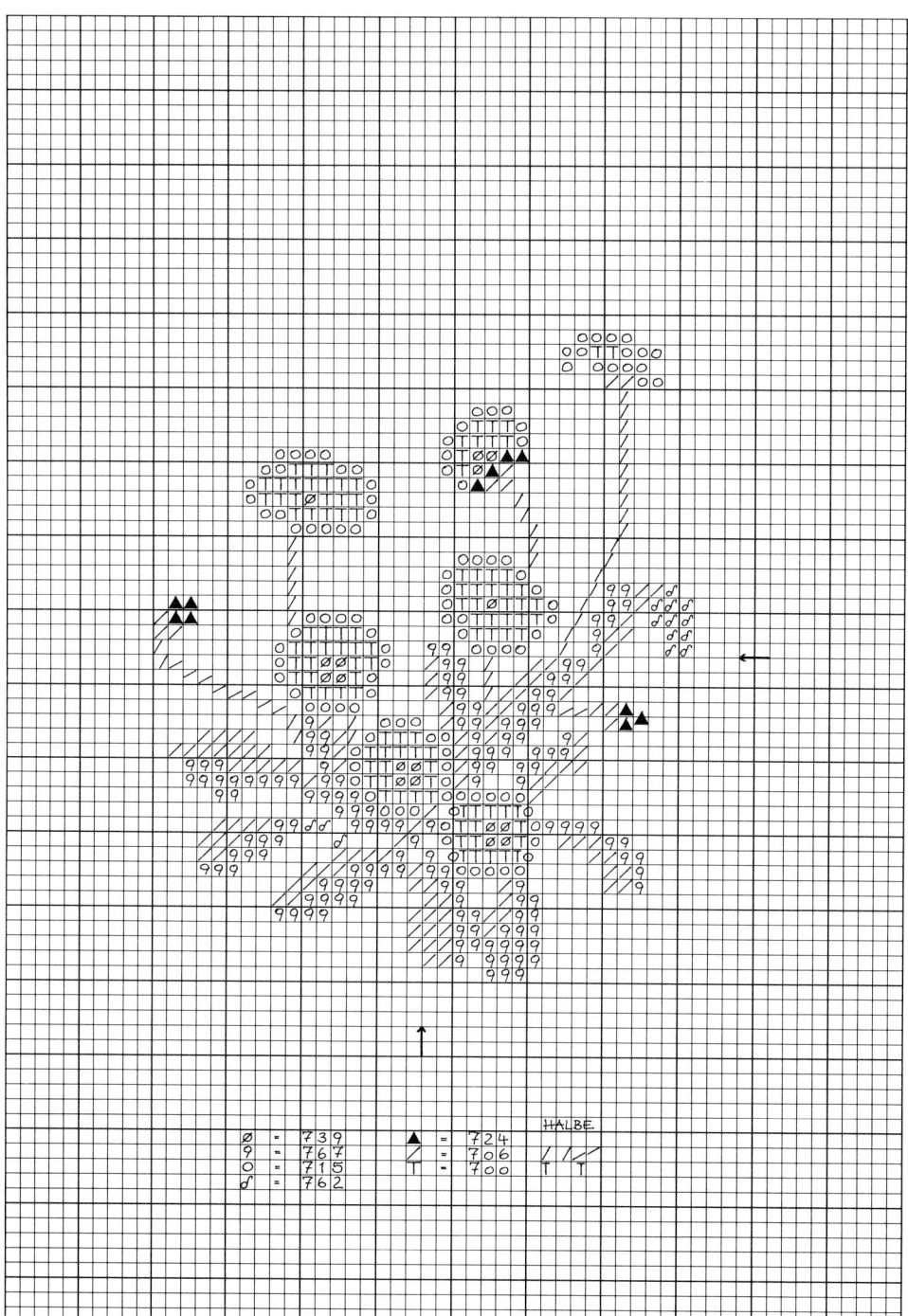

HALBE

Ø	=	739	▲	=	724	
9	=	767		=	706	
O	=	715	T	=	700	T
♂	=	762				

▲	=	724	⁄	=	722	∅	=	739
Y	=	723	o	=	715	U	=	718
∩	=	721	↑	=	763	+	=	707

STEPPST.

48

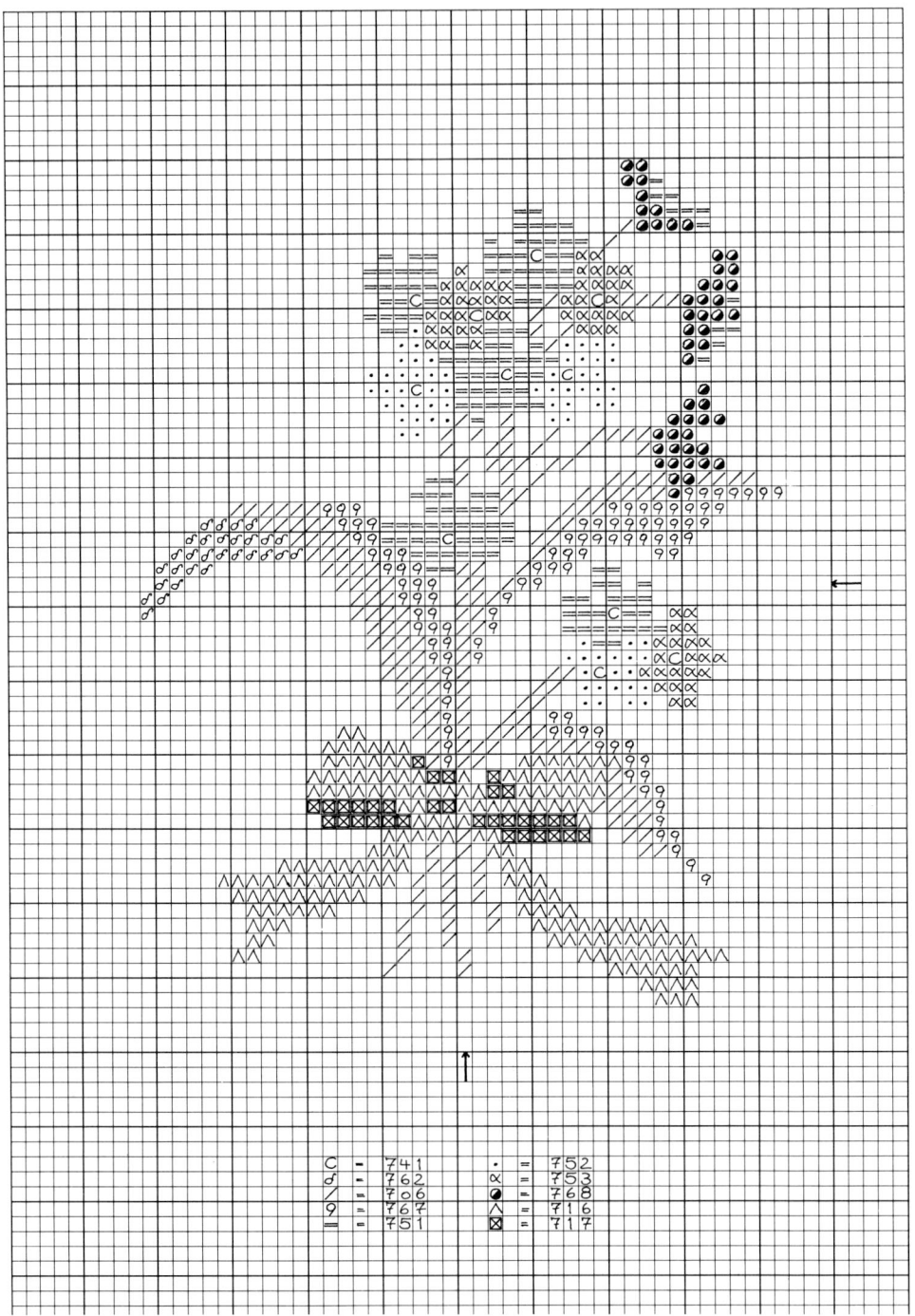

C	=	741	· =	752
♂	=	762	⋉ =	753
/	=	706	◑ =	768
9	=	767	∧ =	716
=	=	751	⊠ =	717

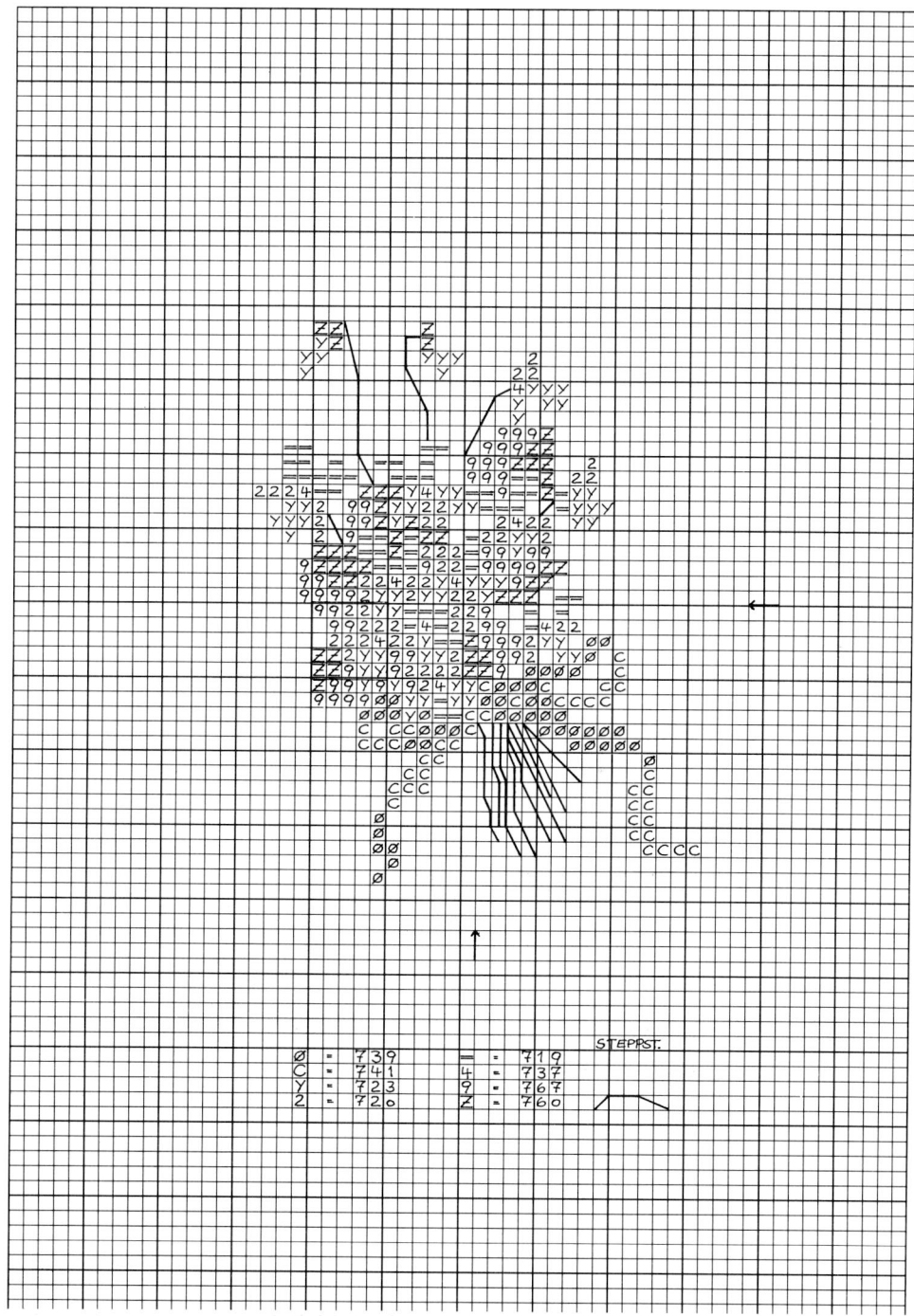

STEPRST.

Ø = 739		= 719
C = 741	4 = 737
Y = 723	9 = 767
2 = 720	Z = 760

51

„Rosa rugosa"

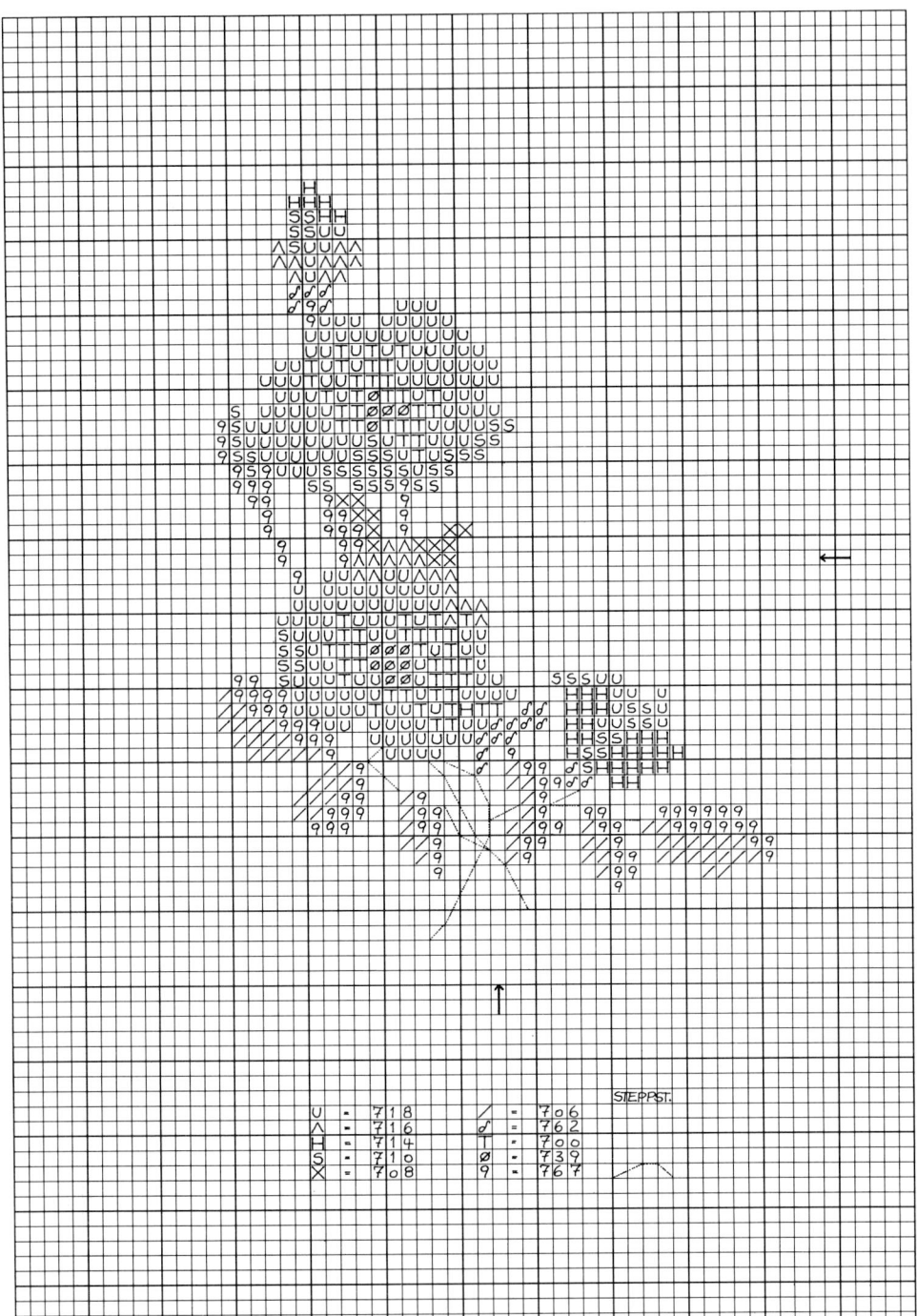

STEPP.ST.

U	=	7 1 8			/	=	7 0 6
∧	=	7 1 6			♂	=	7 6 2
H	=	7 1 4			T	=	7 0 0
S	=	7 1 0			Ø	=	7 3 9
X	=	7 0 8			9	=	7 6 7

STEPPST.

U	=	718	/	=	706	
Λ	=	716	♂	=	762	
H	=	714	T	=	700	
S	=	710	Ø	=	739	
X	=	708	9	=	767	

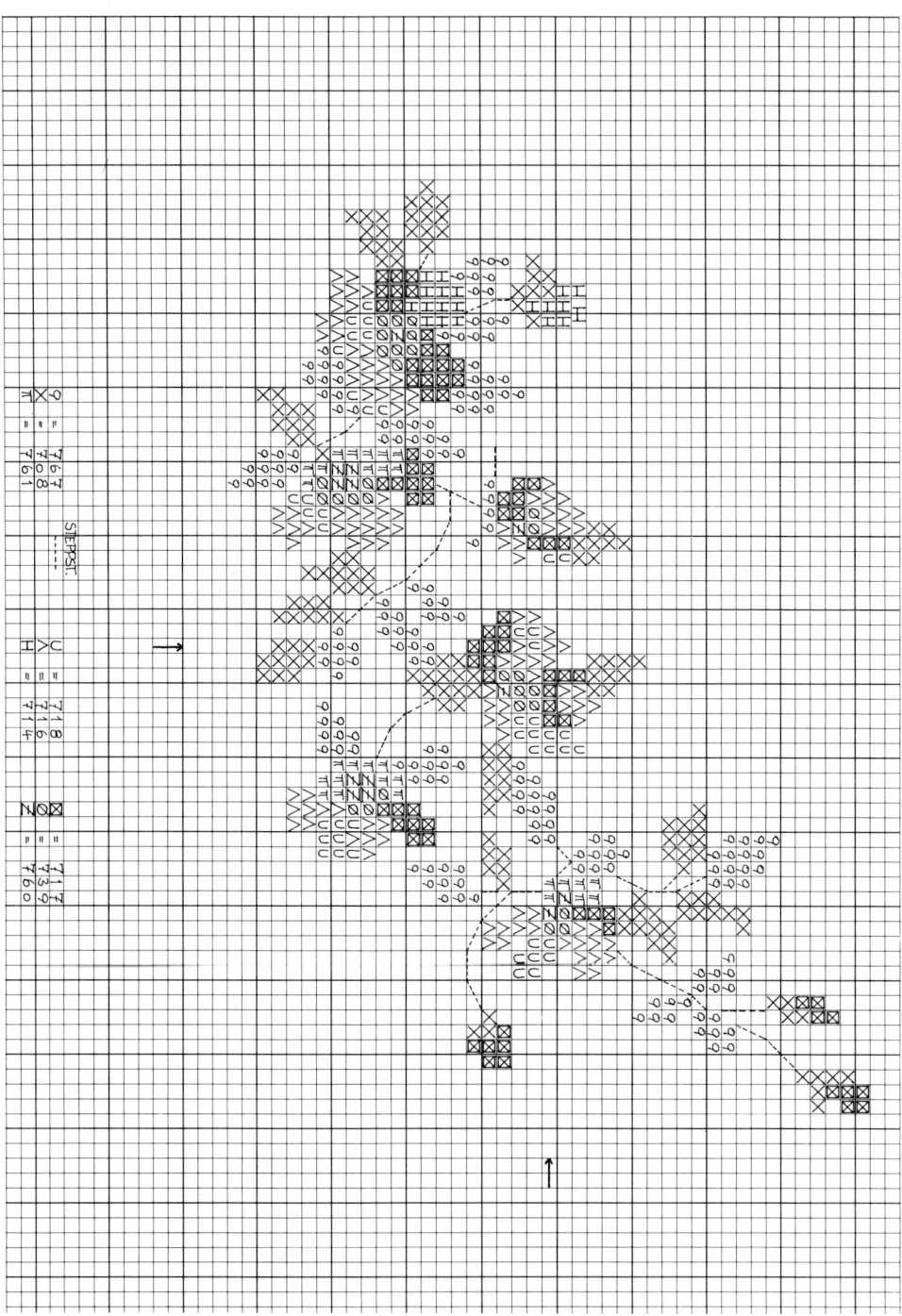

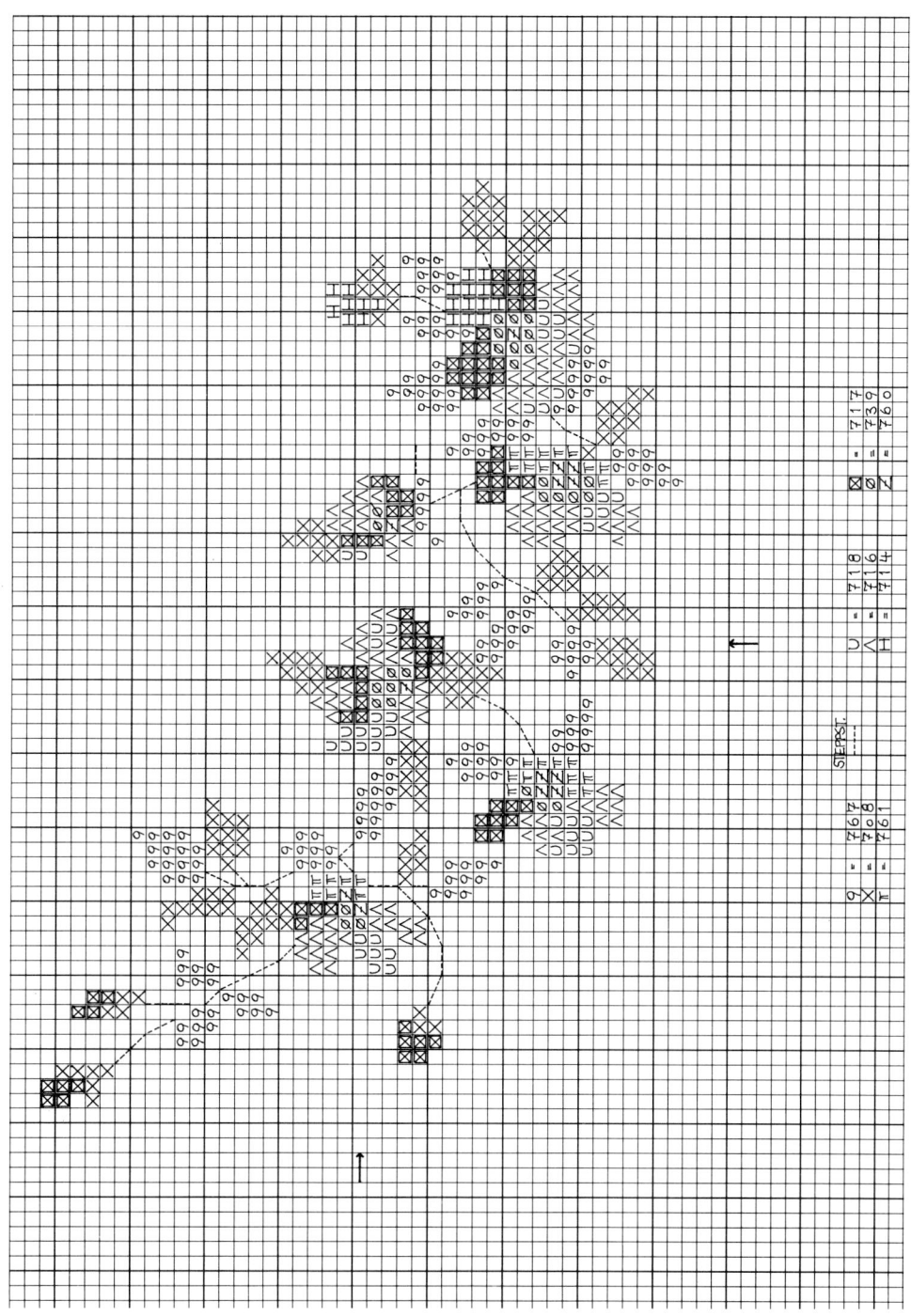

Anfertigung Mitteldecke
„Winden"

Schneiden Sie aus dem erwähnten Material Linda fadengerade ein 70 x 70 cm großes Stück und säumen Sie es mit dem zur Winde passenden Farbton eines vorgefalzten Schrägbandes. Achten Sie darauf, daß das Schrägband ebenfalls aus reiner Baumwolle ist. Sollten Sie einen „echten" Saum oder einen Hohlsaum vorziehen, müssen Sie das Schnittmaß entsprechend größer wählen (ca. 80 x 80 cm).
Falten Sie die Decke und markieren Sie die Mitte mit einem Faden. Messen Sie dann von der äußeren Kante des Saums 6 cm ab und beginnen, wie auf dieser Seite gezeigt, zu sticken. Verfahren Sie auf allen vier Seiten gleichermaßen.

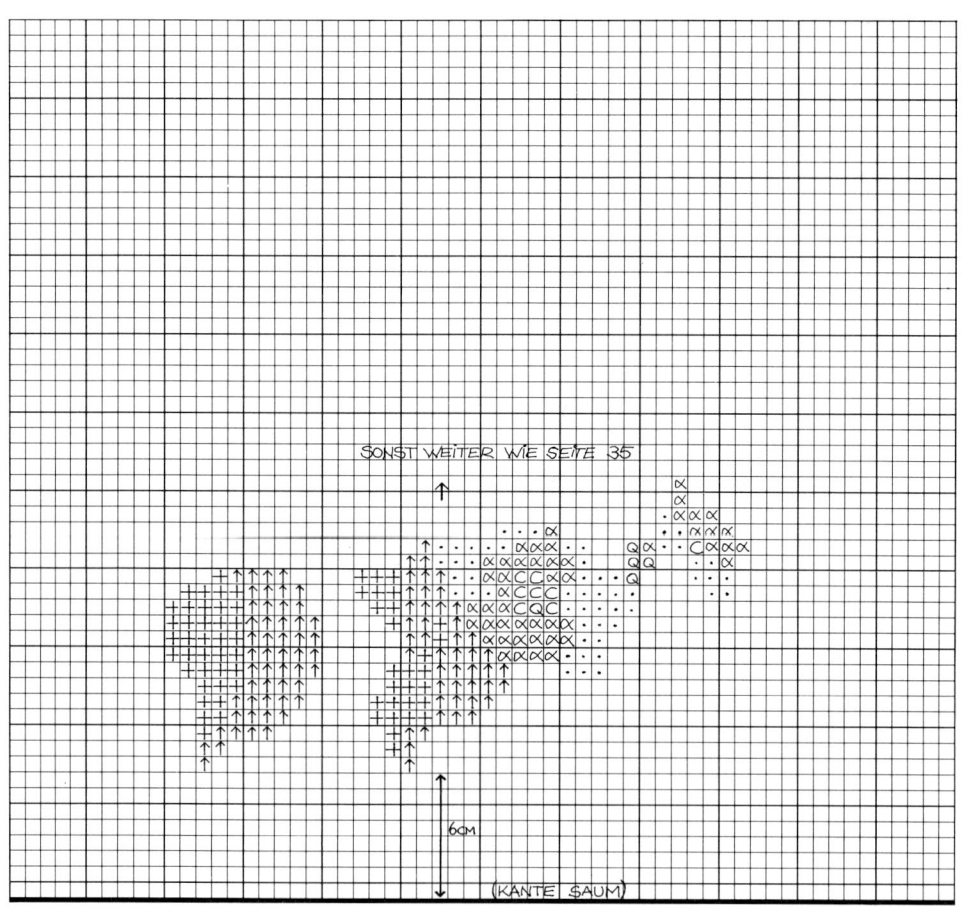

Anfertigung Sets
„Rhododendron"

Schneiden Sie von dem erwähnten Material Linda oder, falls gewünscht, aus dem verwandten Leinen ein ca. 33 x 43 cm großes Stück fadengerade ab. Zeichnen Sie mit einem weichen Bleistift oder Schneiderkreide mit Hilfe einer Untertasse in den Ecken die Rundungen vor und schneiden die Ecken entsprechend ab. Säumen Sie das Set mit einem im Farbton zu den Rhododendren passenden Schrägband. Das Schrägband sollte vorgefalzt und aus reiner Baumwolle sein. Messen Sie in der linken oberen Ecke (rechts steht das Glas!) jeweils 4 cm von der äußeren Kante des Sets ab, markieren die Stelle mit einem Faden und zählen zu Beginn der Stickerei, wie unten gezeigt.

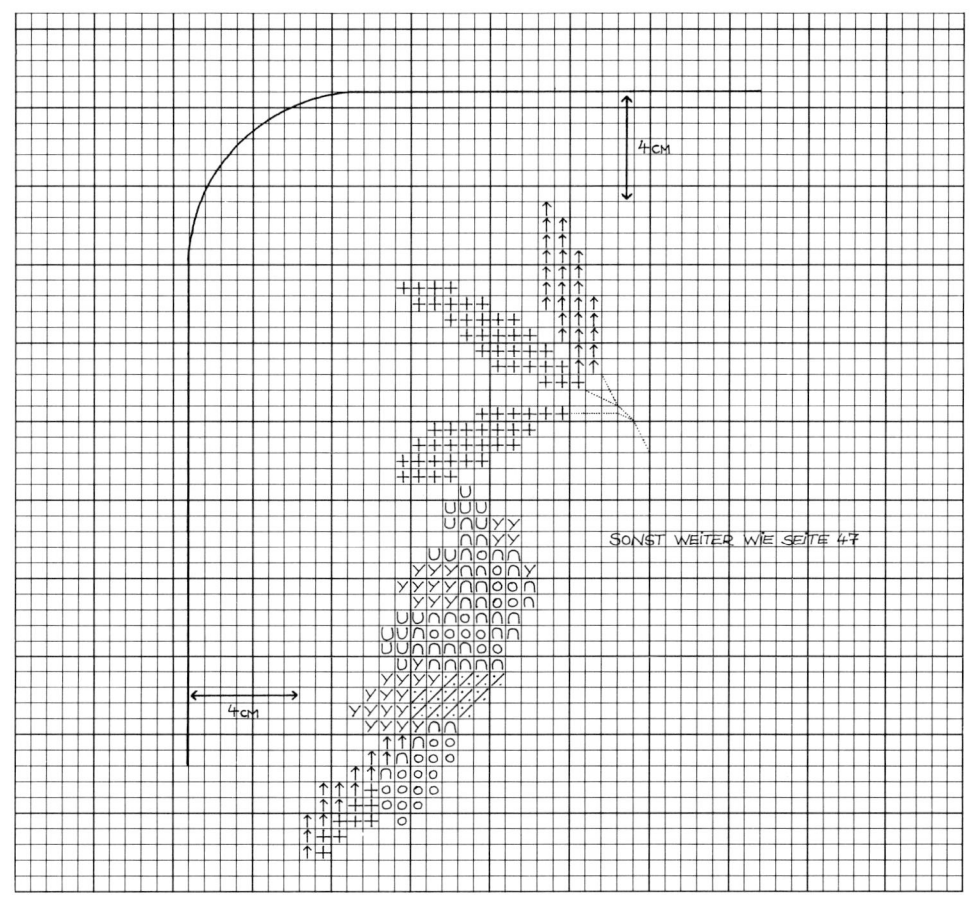

4 CM

SONST WEITER WIE SEITE 47

4 CM